AF332265

FACULTÉ DE DROIT DE STRASBOURG.

ACTE PUBLIC

SUR LA

COMMUNAUTÉ LÉGALE,

LE BILLET A ORDRE

ET

LA PROCÉDURE DEVANT LES TRIBUNAUX DE COMMERCE,

PRÉSENTÉ ET SOUTENU PUBLIQUEMENT

A LA FACULTÉ DE DROIT DE STRASBOURG,

le samedi 20 juin 1835, à midi,

POUR OBTENIR LE GRADE DE LICENCIÉ EN DROIT,

PAR

NESTOR-ALEXANDRE TREITT,

DE STRASBOURG (BAS-RHIN),

BACHELIER ÈS-LETTRES ET EN DROIT.

STRASBOURG,

IMPRIMERIE DE G. SILBERMANN, PLACE SAINT-THOMAS, N° 3.

1835.

AUX MANES DE MON PÈRE,

AVOUÉ AU TRIBUNAL DE STRASBOURG.

A MA MÈRE.

Amour et reconnaissance.

N. A. TREITT.

FACULTÉ DE DROIT DE STRASBOURG.

M. Kern, Doyen de la Faculté de Droit.

M. Kern, Président.

EXAMINATEURS:

MM. Kern . . . . ⎫
    Bloechel . . . . ⎬ Professeurs.
    Hepp . . . . . . ⎭
    Briffault . . . . . Professeur-suppléant.

DU

RÉGIME EN COMMUNAUTÉ.

———

CE QUI COMPOSE LA COMMUNAUTÉ LÉGALE.

INTRODUCTION.

I. La communauté, ou société de biens entre époux, n'existait point dans la législation des Romains.

Leur fut-elle inconnue, comme le prétendent certains auteurs? On ne peut guère le croire: Tacite la trouve établie chez les Germains, et César l'avait rencontrée dans les Gaules.

« *Ipsis incipientis matrimonii auspiciis admonetur (nova nupta)*
« *venire se laborum periculorumque sociam.* »(*De moribus germa-*
norum, Tacite). « *Viri quantas pecunias ab uxoribus dotis no-*
« *mine acceperunt, tantas ex suis bonis, æstimatione factâ, cum*
« *dotibus communicant. Hujus omnis pecuniæ conjunctim ratio*
« *habetur, fructusque servantur. Uter eorum vitæ superavit, ad*
« *eum pars utriusque cum fructibus superiorum temporum per-*
« *venit.* » (César, *Guerre des Gaules*, Liv. 6).

Voilà bien un régime de communauté. Elle diffère de la nôtre, seulement en ce qu'elle ne contient, des biens du mari, qu'une va-

1

leur égale à l'apport de la femme et les fruits de ces deux mises, et en ce qu'elle appartient pour le tout au survivant[1].

Ce n'est donc point par ignorance de la communauté que les Romains ne l'ont point admise, mais plutôt parce qu'elle eût contrarié l'ensemble de leur législation.

En effet, à Rome, comme dans tous les États guerriers, le célibataire était privé d'une partie de ses droits de cité ; le père d'une nombreuse famille était l'objet de priviléges ; enfin, le désir de favoriser l'accroissement de la population avait introduit le divorce et la répudiation. Du moment que les mariages devaient être facilement rompus, l'on ne pouvait en entraver la dissolution, par l'obligation de rendre compte d'une société.

D'ailleurs, chez les Romains, la femme a toujours été regardée comme *in perpetuá tutelá, in manu,* malgré leur pompeuse définition du mariage, « *nuptiæ sunt conjunctio viri et feminæ,* « *consortium omnio vitæ, divini et humani juris communicatio.* » (*L. I. D. de ritu nupt.*) (*Inst. de patriá potestate*), et ce despote domestique, qu'on appelait le *pater familiás,* ne pouvait se considérer comme l'associé de la femme.

Cependant, il n'était point défendu d'établir, entre époux, une société universelle, même de biens (Toullier, tom. XII, n° 12).

II. Ainsi, la communauté a existé dans les mœurs primitives de nos pères. Elle a dominé dans toutes les provinces où le droit des Romains n'avait pas encore pris racine, malgré la longue domination de ce peuple.

Il serait trop long de parler ici des diverses modifications qu'a subies ce régime. Nous dirons seulement que la coutume fran-

---

1. Les lumières et les connaissances que l'on accorde généralement aux Druides, législateurs des Gaulois, nous laissent présumer que cette règle d'attribution de toute la communauté au survivant souffrait au moins une exception, lorsque le mari voulait exercer son droit de vie et de mort sur sa femme et sur ses enfans.

çaise a suivi une voie tout opposée à la coutume des Germains. Chez ces derniers, la femme acquérait par le mariage, sur les biens de la communauté, un droit égal, actuel, comme les propriétaires des biens indivis ont, sur les biens communs, un droit acquis dès le moment de la co-propriété. Le mari administrait les biens, mais ne pouvait ni les aliéner, ni les engager sans le concours de la femme (Toullier, tom. XII, n° 74), tandis que la coutume française n'établit point au profit de la femme un droit actuel de co-propriété durant le mariage, mais un droit casuel, éventuel à la moitié des biens et acquêts existant à la dissolution du mariage, un droit subordonné à la condition potestative du mari, qu'il n'aura pas aliéné ou dissipé les biens de la communauté.

III. Dans notre Alsace, l'on distinguait autrefois deux coutumes principales: celle des villes libres impériales et la coutume de Ferrette, ou le droit provincial. La première (*Staatsrecht*) ordonnait un droit de dévolution, formulé sans doute en haine des seconds mariages; il faisait passer tous les biens des père et mère aux enfans, en ne laissant à l'époux survivant que l'usufruit. La seconde (*Landsrecht*) adjugeait les deux tiers de la communauté universelle au mari ou à ses héritiers, et l'autre tiers à la femme ou à ses héritiers, sans faire aucune distinction entre les meubles et les immeubles, évidemment parce qu'alors les meubles n'avaient pas l'importance que les relations commerciales leur ont value depuis.

Les règles pouvaient être modifiées par le contrat de mariage.

Il y avait des conditions locales qui dérogeaient à ces deux règles principales, telle que celle de Ribeauvillé, comprenant Vire et Herlisheim : elle réduisait la communauté aux acquêts partageables des deux tiers au tiers.

CHAPITRE PREMIER.

DU RÉGIME EN COMMUNAUTÉ.

On appelle régime en communauté, l'ensemble des règles qui gouvernent la société de biens, formée entre époux, soit par la disposition de la loi, soit par les conventions matrimoniales. Elle commence le jour du mariage, contracté devant l'officier de l'état civil (Code civ., 1399). Dans l'ancien droit, elle ne commençait que le lendemain, quand l'on pouvait supposer que le mariage avait été consommé.

L'on peut cependant stipuler que la communauté n'aura lieu que sous une condition casuelle ou suspensive, par exemple que la communauté sera subordonnée à l'issue d'un procès, ou bien qu'elle n'aura pas lieu en cas de prédécès de l'épouse sans enfans (Toullier, n° 84).

CHAPITRE II.

DE LA COMMUNAUTÉ LÉGALE.

SECTION I.

La communauté légale.

On appelle communauté légale, celle qui est établie et régie par la loi.

Elle a lieu, par la déclaration qu'on se marie sous le régime de la communauté, ou par le défaut de contrat de mariage (*vi solius consuetudinis*). Ainsi, la communauté légale est le droit commun de la France (Code civ., 1393). Ce n'est pas sans de vives discussions que ce droit a été établi : la crainte des innovations a été le principal argument en sa faveur. Il semblerait que le droit le plus équitable pour deux époux serait la communauté réduite aux acquêts, avec réserve de leurs biens propres.

SECTION II.

De ce qui compose la communauté légale, activement et passivement.

§. 1. *De l'actif.*

L'actif est la masse des biens qui profite à la communauté. Elle se compose 1° de tout le mobilier que les époux possédaient au jour de la célébration du mariage, ensemble de tout le mobilier qui leur échoit pendant le mariage, à titre de succession, ou même de donation, si le donateur n'a exprimé le contraire ; 2° de tous les fruits, revenus, intérêts, arrérages, de quelque nature qu'ils soient, échus ou perçus pendant le mariage, et provenant des biens qui appartenaient aux époux lors de sa célébration, ou de ceux qui leur sont échus pendant le mariage, à quelque titre que ce soit; 3° enfin, de tous les immeubles qui sont acquis pendant le mariage. » (Code civ., 1401).

I. *Mobilier.*

I. Entrent dans la communauté légale :

« *Tout le mobilier* qui comprend (Code civ., 535) 1° tous les meubles présens et futurs des époux, par eux acquis avant la dissolution de la communauté; 2° tous les fruits, revenus, arrérages, de quelque nature qu'ils soient, provenant des biens propres des époux (Code civ., 1401).

« Les offices ministériels, qui, aujourd'hui, sont de véritables propriétés. Ils ont des droits incorporels de nature mobilière, vu que le titulaire, au moyen du droit de présentation, peut les transmettre ou les vendre, et alors l'objet du droit de présentation est une somme d'argent (Code civ., 529).

« Les rentes viagères et les usufruits appartenant à l'un des époux avant le mariage, mais seulement pour les arrérages échus *pendant le mariage,* et non pour ceux courus, depuis sa dissolution, par la survie de cet époux (Code civ., 1401; Pothier, n° 90 et 232; Toullier, n° 110).

Il en est de même des pensions de retraite accordées par l'État, « attendu que les pensions de retraite sont de la nature des alimens, accordés par l'État à d'anciens services (Cass., 3 fév. 1830).

« Les droits résultant de la propriété littéraire, pour les éditions faites durant le mariage, comme mobilier échu; mais il serait différent pour les éditions postérieures à la mort de l'auteur. C'est ce qui semble résulter de l'art. 39 du décret du 5 février 1810, ainsi conçu: « Le droit de propriété est garanti à l'auteur et à sa veuve pendant leur vie, *si les conventions matrimoniales de celle-ci lui en donnent le droit,* et à leurs enfans pendant vingt ans (Toullie, n° 116). Cette opinion est contestée. Battur (n° 18) considère ces droits comme propres à l'époux auteur, et n'entrant en communauté que comme fruits pendant le mariage. Il nous semble que l'on devrait envisager les droits littéraires, comme produit de travail pendant la communauté, par conséquent comme un acquêt de cette communauté. Ils doivent donc lui appartenir, même après la mort de l'auteur, si l'autre époux optait pour la continuation de la communauté.

« Les revenus ordinaires, annuels ou périodiques des bois, pour tout ce qui en est considéré comme usufruit, d'après les règles de l'usufruit; mais, par une exception à ces règles, si les coupes de bois qui pouvaient être faites pendant le mariage sur les propres de l'un des époux, n'ont point été effectuées, il est dû récompense à l'autre époux ou à ses héritiers (Code civ. 1403).

« Les produits des mines et carrières qui étaient ouvertes lors du mariage (Code civ. 598).

« L'action en reprise ou en remploi de la femme, pour le prix de ses immeubles, si avant de l'avoir exercée, la veuve a contracté un second mariage (Code civ. 529).

II. N'entrent point en communauté :

« Ceux des meubles corporels, qui, bien que meubles par leur nature, sont reputés immeubles par destination (Code civ. 524).

« Ceux des meubles incorporels qui sont immeubles par l'objet auquel il s'appliquent, comme les actions en revendication d'immeubles (Code civ. 526).

« Les meubles corporels et incorporels que le donateur a déclarés ne pas devoir entrer en communauté (Code civ. 1401).

« Les futaies qui ne sont point des revenus annuels ou périodiques. Il sont considérés comme accessoires du fond (Code civ. 592).

« Le produit des mines et des carrières ouvertes pendant le mariage; la communauté n'en jouit que sauf récompense ou indemnité à celui des époux auquel elle peut être due (Code civ. 1403). Les rentes immobilisées pour la formation des majorats (Décret du 16 janvier 1808).

« Le trésor que l'époux-propriétaire trouve dans son fond (Cod. civ., 552, 716; Toullier, n° 129).

« De ce que le trésor a été découvert par l'époux-propriétaire du fond, il ne s'en suit pas que la communauté ait droit à la moitié du trésor par *droit d'invention.* Le trésor appartient en entier au propriétaire: c'est la conséquence du principe que la propriété du fonds emporte la propriété du dessus et du dessous (Code civ., 552 et 716; Delv., tom. III. 3° édit. p. 258).

III. « On ne considère, pour déterminer la nature des créances et des actions qui en naissent, que la chose qui en est l'objet et non qu'elle en est la cause (Toullier, n° 103).

« Lorsqu'une créance a pour objet des meubles ou des immeubles dus sous une alternative, la nature de la créance reste indéterminée jusqu'au paiement (Toullier, n° 102).

« Si un époux, dans une succession de meubles et d'immeubles à lui échue, ne recevait que des meubles, ils entreraient en communauté, sans aucune reprise de sa part (Pothier, n° 100; Toullier, n° 119).

« Les fruits civils sont échus pour la communauté jour par jour; les fruits naturels ne lui sont acquis qu'au fur et à mesure de leur séparation du fonds (Pothier, n° 45; Toullier, n° 123). Ainsi, l'époux-propriétaire, lors de la dissolution de la communauté, a en propriété tous les fruits non encore séparés du fonds et pendans par branches ou par racines; mais il devrait récompense à la communauté des frais de labours et de semences, parce qu'aucun époux ne doit s'enrichir aux dépens de la communauté conjugale (Cod. civ. 548-1437; Cour roy. de Rennes, 26 janv. 1828). C'est une exception aux règles de l'usufruit, qui prend et laisse les biens dans le même état. » (Code civ. 585).

II. *Immobilier.*

1° Entrent en communauté :

« Tous les immeubles acquis pendant le mariage (Code civ. 1401); et tout immeuble est réputé acquêt de communauté, s'il n'est prouvé que l'un des époux en avait la propriété ou la possession légale avant le mariage, ou qu'il lui soit échu depuis à titre de succession ou de donation (Code civ. 1402).

II. N'entrent point en communauté :

« Tous les immeubles dont l'un des époux avait la propriété ou la possession légale au jour du mariage, ou qui lui soient échus depuis à titre de succession ou de donation. Il est un cas où l'immeuble acquis avant le mariage entre en communauté: c'est celui où il aurait été acquis depuis le contrat établissant communauté, à moins que l'acquisition n'eût été faite en vertu d'une clause de ce contrat. Cette disposition est limitée, et ne s'étend pas au cas où l'on serait marié sans contrat de mariage (Code civ. 1404).

« Les droits incorporels en vertu desquels le défunt aurait pu devenir propriétaire des immeubles auxquels un époux succède (Code civ. 526).

(9)

« Les dons et les legs faits à l'un des époux, parce qu'ils sont renfermés dans l'expression générique de donations (Cod. civ. 1405).

« Les immeubles donnés par contrat de mariage *aux futurs*, parce qu'ils ne sont pas acquêts de la communauté; ils appartiennent par indivis aux deux conjoins, et le mari ne peut disposer de la moitié appartenant à sa femme (Toullier, n° 137).

« L'immeuble abandonné ou cédé par père, mère ou autre ascendant à l'un des époux, soit pour le remplir de ce qu'il lui doit, soit à la charge de payer les dettes du donateur à des étrangers (Cod. civ. 1406). Cet arrangement est considéré comme une succession anticipée; par conséquent l'immeuble est exclu de la communauté. Mais cette faveur est limitée aux ascendans (Toullier, n° 143).

« L'immeuble acquis pendant le mariage à titre d'échange contre un immeuble propre à l'un des époux (Cod. civ. 1407), sauf récompense, s'il y a soulte, de quelque valeur qu'elle soit. Cette opinion est contestée.

« Le prix d'un immeuble propre à l'un des époux et aliéné pendant le mariage, ainsi que l'immeuble acquis à titre de remplir des sommes stipulées propres au conjoint par contrat de mariage (Cod. civ. 1433).

« L'immeuble, ou la portion d'un immeuble, acquis pendant le mariage à titre de licitation ou *autrement*, si l'un des époux était propriétaire par indivis de cet immeuble. Cette acquisition ne forme point un conquêt sauf récompense (Cod. civ. 1408). C'est la conséquence du principe que tout ce qui est recueilli à titre d'hérédité est propre, et que tout corps héréditaire est censé avoir passé dans les mains de l'héritier en totalité. — Le mot *autrement* applique l'exclusion à tous les cas où l'un des conjoins est propriétaire par indivis, que la licitation ait été faite à l'amiable ou en justice (Toullier, n° 157).

« L'immeuble acquis avant le mariage sous une condition sus-

pensive, qui ne s'accomplit que pendant le mariage (Code civ. 1179).
Il en est de même d'un immeuble acquis d'un mineur ou d'une
femme non autorisée, si l'acquisition a été ratifiée plus tard par
le mineur devenu majeur ou la femme devenue veuve.

« L'immeuble aliéné avant le mariage et rentrant par suite d'une
action en rescision ; cette action elle-même pour lésion de plus
des sept douzièmes. Le supplément du prix payé par l'acquéreur
pour étendre cette action. L'immeuble aliéné avant le mariage
et rentrant par la faculté du pacte de réméré, sauf récompense
(Battur, n° 204 ; Toullier, n° 185 et suiv.).

« L'immeuble acquis depuis le mariage, si l'époux est devenu
adjudicataire définitif, faute d'enchérisseurs, d'adjudicataire préparatoire qu'il était avant le mariage, parce qu'il est censé propriétaire du jour de cette adjudication préparatoire » (Pigeau, Procédure civ., tom. I, p. 145 et 233 ; Greiner, des Hyp., n° 488),

III. « Le donateur peut toujours stipuler que la chose donnée
entrera, ou non, en communauté (Cod. civ. 1401).

« Si le mari devient seul, et en son nom personnel, acquéreur
ou adjudicataire de portion ou de la totalité d'un immeuble appartenant par indivis à la femme, celle-ci, lors de la dissolution de la
communauté, a le choix d'abandonner l'effet à la communauté,
qui devient alors débitrice envers la femme de la portion appartenant à cette dernière dans le prix, ou de retirer l'immeuble,
en remboursant à la communauté le prix de l'acquisition. Cette
faculté est personnelle à la femme (Cod. civ. 1408). On a voulu,
par là, empêcher que le mari, au moyen de sa puissance maritale,
ne forçât sa femme à faire une acquisition à elle désavantageuse,
ou à ne pas la faire du tout, et laisser l'immeuble à la disposition
du mari. Cette faculté appartient aussi aux héritiers de la femme
(Code civ., 724). Mais la femme ne pourrait pas alors donner à
la communauté un immeuble qu'elle aurait acquis avec l'autorisation de son mari (Toullier, n° 164).

« Rien n'empêche le mari d'aliéner ou d'hypothéquer les portions par lui acquises d'un immeuble dont sa femme serait co-propriétaire par indivis, et si la femme veut exercer le retrait, elle doit, outre le prix de l'acquisition, désintéresser tous les créanciers du chef du mari (Cass. 13 juillet 1828).

« Comme en principe, il est défendu aux époux de s'enrichir aux dépens l'un de l'autre, on peut poser la règle générale qu'il est dû récompense ou indemnité, toutes les fois que l'un des époux ou la communauté aura joui d'un objet, soit meuble, soit immeuble, auquel ils n'avaient point de droits. »

§. II. *Du passif de la communauté.*

La communauté se compose passivement : « 1° De toutes les dettes mobilières dont les époux étaient grevés au jour de la célébration du mariage, où dont se trouvent chargées les successions qui leur échoient durant le mariage, sauf la récompense pour celles relatives aux immeubles propres à l'un ou à l'autre des époux.

« 2° Des dettes, tant en capitaux qu'arrérages ou intérêts, contractées par le mari, pendant la communauté, ou par la femme, du consentement du mari, sauf la récompense dans le cas où elle a lieu.

« 3° Des arrérages ou intérêts seulement des rentes ou dettes passives, qui sont personnelles aux deux époux.

« 4° Des réparations usufructuaires des immeubles qui n'entrent point en communauté.

« 5° Des alimens des époux, de l'éducation et l'entretien des enfans, et de toute autre charge de ménage (Code civ., 1409).

« Pour que la communauté soit chargée des dettes contractées par la femme avant le mariage, il est nécessaire qu'elles résultent d'actes authentiques, ayant date certaine, antérieurs au mariage (Code civ., 1410 et 1328).

2*

« Le mari ne peut être poursuivi pour les dettes de sa femme, que huit jours après la signification des titres, quand même ils seraient exécutoires contre la femme (Code civ., 877).

« Autrefois le créancier pouvait établir ces dettes par des présomptions; mais aujourd'hui, à défaut de titres ayant date certaine, le créancier ne peut poursuivre le paiement que sur la nue-propriété des biens personnels de la femme; le mari qui prétendrait avoir payé pour sa femme une dette de cette nature, ne peut en demander la récompense ni à sa femme ni à ses héritiers (Code civ. 1410).

« Si le contrat de mariage donnait à la femme le droit de toucher, sur ses seules quittances, une certaine somme pour son entretien, les créanciers dont le titre n'aurait pas de date certaine, antérieure au mariage, ne pourront là saisir-arrêter, parce que cela préjudicierait à la communauté, qui deviendrait alors chargée de l'entretien de la femme (Cass. 9 août 1820).

« Les dettes des successions mobilières échues aux époux sont à la charge de la communauté (Code civ. 1411); mais non celles grevant une succession purement *immobilière*, échue à l'un des époux pendant le mariage (Code. civ. 1412), car, l'actif de cette succession n'entrant point en communauté, le passif ne peut y entrer.

« De même, si la succession est en partie mobilière et en partie immobilière, la communauté supporte les dettes en proportion des meubles qui lui reviennent (Code civ. 1414). Cette portion se règle par l'inventaire, auquel le mari doit faire procéder, soit de son chef, si la succession le concerne personnellement, soit comme dirigeant et autorisant les actions de sa femme, s'il s'agit d'une succession à elle échue (Code civ. 1414).

« A défaut d'inventaire, et dans tous les cas où ce défaut préjudicierait à la femme, elle ou ses héritiers peuvent, lors de la dissolution de la communauté, poursuivre les récompenses de droit, et même faire preuve, tant par titres que par témoins et papiers domestiques, et même au besoin, par la commune renommée, de la consistance et valeur du mobilier non inventorié. Le mari n'est jamais admis à faire cette preuve (Code civ. 1415).

« Les règles établies pour les successions régissent les dettes dépendantes d'une donation (Code civ. 1418).

« Tous les frais d'inventaire, de liquidation, etc., sont à la charge de la communauté, ainsi que les frais de dernière maladie (Toullier n° 301), exepté toutefois les frais funéraires du décédé (Pothier n° 275).

« Les créanciers peuvent poursuivre leurs droits sur les biens des successions. Si elles sont échues au mari, ils les poursuivent sur tous les biens propres et même sur les biens de la communauté (Code civ. 1412), sauf récompense à la femme ou à ses héritiers. Si elles sont échues à la femme, et acceptées par elle du consentement du mari, les créanciers poursuivent leurs droits sur tous les biens personnels de la femme; mais, si celle-ci n'a été qu'autorisée en justice au refus du mari, les créanciers, en cas d'insuffisance des biens de la succession, ne peuvent se pourvoir que sur la nue-propriété des autres biens personnels de la femme (Code civ. 1413).

« D'après ces principes, il était juste que lorsqu'une partie des dettes tombait dans la communauté, par suite de ce qu'une partie du mobilier y entrait, que les créanciers ne fussent pas obligés de diviser leurs créances et de se soumettre aux lenteurs de cette division: aussi l'art. 1416 du Code les autorise-t-il à se faire payer en totalité sur la communauté (sauf récompenses respectives) dans une succession en partie mobilière et en partie immobilière, échue, soit au mari, soit à la femme, et acceptée par elle du consentement de l'époux. Il en serait encore de même, si elle n'avait été autorisée qu'en justice, et que néanmoins, le mobilier eût été confondu avec celui de la communauté sans un inventaire préalable (Code civ. 1416).

« S'il y a inventaire et seulement autorisation en justice, les créanciers ne peuvent poursuivre que sur la nue-propriété des biens personnels de la femme (Code civ. 1417).

« Les biens de la communauté, ceux du mari et de la femme, servent à payer les dettes contractées par la femme, du consentement du mari, sauf récompense à qui de droit (Code civ. 1419).

« Cette clause ne contrarie point l'art. 1413, quand on pense que la succession immobilière dont il est question, reste propre à la femme (Code civ. 1402).

« La femme ne pourra en aucune manière être poursuivie pour les dettes contractées en vertu de la procuration spéciale ou générale du mari. » (Code civ. 1420, 1990 et 1998).

LÉGISLATION COMMERCIALE.

DU BILLET A ORDRE.

« 1° Les billets à ordre sont ceux qui doivent être payés non-seulement à la personne au profit de laquelle ils sont nominativement faits, mais encore au tiers à qui cette personne en transporte la propriété.

« 2° Le billet à ordre n'est un acte commercial que par la qualité des souscripteurs (Code com. 638), et par sa cause, par exemple, une opération commerciale (Code com. 636; Pardessus n° 244).

« 3° Il peut être à la fois commercial et civil, s'il est souscrit par des personnes commerçantes ou comptables publics, et par des idividus non négocians.

« 4° Le billet à ordre doit être daté. Il doit énoncer la somme à payer, le nom de celui à l'ordre de qui il est souscrit, l'époque

à laquelle le paiement doit s'effectuer, la valeur qui a été fournie,
en espèces, en marchandises, en compte ou de toute autre manière (Code com. 188).

« 5° En cas d'omission de la date, si cette circonstance n'est pas
de nature à changer le droit, le billet n'en est pas moins valable;
seulement l'on pourra contester son antériorité à la faillite du
souscripteur (Cour roy. de Nîmes, 5 juillet 1819; Cass. du 12 avril
1821).

« 6° Le défaut d'énonciation de la valeur fournie rend les tribunaux de commerce incompétens pour connaître du billet à
ordre; il est alors reputé simple promesse (Bruxelles 18 juillet 1810;
Cass. 6 août 1811).

« 7° Un billet à ordre, *causé par valeur en quittance d'immeubles,*
ou *valeur en immeubles,* est un acte commercial et passible des
tribunaux de commerce (Bourges, 6 août 1825). Cette opinion
est contestée.

« 8° Le billet à ordre doit, à peine de nullité, être écrit en entier
de la main du souscripteur ou du moins, outre sa signature, il
doit avoir écrit de sa main *un bon* ou *approuvé,* portant la somme
en toutes lettres, excepté dans le cas ou l'acte émane de marchands,
artisans, etc. (Code civ. 1326; Cass. 27 janv. 1812).

« 9° L'échéance, l'endossement, la solidarité, l'aval, le paiement,
le paiement par intervention, le protêt, les devoirs et droits des
porteurs, le rechange ou intérêts, régissent le billet à ordre comme
la lettre de change.

« 10° Le billet à ordre diffère de la lettre de change, en ce que
celle-ci ne peut être tirée que d'un lieu sur un autre, tandis que
le billet à ordre est le plus souvent payable au lieu où il a été
souscrit, et en ce que la lettre de change est *nécessairement* un
acte commercial, qui soumet le signataire à la juridiction commerciale et à la contrainte par corps (Cod. comm. 632).

« 11° Si, dans les trois jours qui suivent celui de l'échéance, le billet n'est pas présenté, et que le débiteur veuille se libérer, il est autorisé à déposer la somme portée au billet dans la caisse des dépôts et consignations dans l'arrondissement où l'effet est payable. Alors le débiteur remet l'acte de dépôt en échange du billet. » (Loi 6 thermidor an 3; Pardessus, n° 216; Toullier, n° 208; Cass. 15 ventôse an 12).

DE LA PROCÉDURE DEVANT LES TRIBUNAUX DE COMMERCE.

« La bonne foi est l'âme des conventions commerciales; la vérité une fois connue, il est rare que la décision offre encore de véritables difficultés; une prompte décision est un besoin dans les affaires du négoce. Aussi est-ce à ces principes que se rapportent toutes les dispositions de la procédure devant les tribunaux de commerce.

« La procédure devant les tribunaux de commerce se fait sans le ministère d'avoués. Point d'intermédiaire entre le commerçant qui plaide et le commerçant qui prononce sur une affaire de son état.

« Le délai sera au moins d'un jour; cependant, si le cas l'exige, le président du tribunal pourra permettre d'assigner de jour à jour, d'heure à heure, et même permettre la saisie mobilière. Il est laissé à sa prudence d'assujétir, dans ce cas, le demandeur à donner caution, ou à justifier de solvabilité suffisante.

« Dans les affaires maritimes, quand les navires sont prêts à mettre à la voile et dans toutes autres matières urgentes et provisoires, l'assignation peut être donnée sans autorisation du juge, et le défaut peut être jugé sur-le-champ.

« Toute assignation donnée à bord à la personne assignée est valable.

« Le domicile du défendeur ne règle point le lieu de la juridiction; il peut être cité devant le tribunal du lieu où la promesse
a été faite, où la marchandise a été livrée, ou devant celui du
lieu où le paiement doit être effectué.

« Les parties sont tenues de comparaître en personne ou par un
fondé de pouvoir spécial; et les étrangers-demandeurs sont dispensés
de la caution *judicatum solvi*.

« Si les parties comparaissent et qu'à la première audience, il
n'intervient pas de jugement définitif, elles sont obligées de faire
élection de domicile dans le lieu où siège le tribunal, sinon, toute
signification, même celle du jugement définitif, est faite valable-
ment au greffe du tribunal.

« Le déclinatoire sera proposé préalablement à toute autre question; s'il est passé outre, le tribunal statuera séparément sur le
déclinatoire et sur le fond. L'appel est toujours ouvert sur le premier
chef. S'il y a incompétence à raison de la matière, le tribunal
renverra les parties, sans que le déclinatoire soit demandé.

« En cas de mort des justiciables des tribunaux de commerce,
leur veuve ou leurs héritiers seront appelés en reprise ou action
nouvelle. Si les qualités étaient contestées, le tribunal de commerce les renverrait aux tribunaux ordinaires, pour qu'il y soit
réglé; après quoi le tribunal de commerce pourra juger le fond.

« Le tribunal de commerce renverra devant les juges compétens
toute pièce méconnue, déniée ou arguée de faux, et sursira au jugement de la demande principale. Si la pièce n'était relative qu'à
un des chefs de la demande, il pourra être passé outre au jugement des autres chefs.

« Dans tous les cas, le tribunal pourra, même d'office, ordonner
que les parties seront entendues en personne, à l'audience ou dans
la chambre, et s'il y a empêchement légitime, commettre un des
juges ou même un juge de paix pour les entendre, lequel dres-
sera procès-verbal de leurs déclarations.

« En cas de contestations entre associés et pour raison de société, le tribunal de commerce renverra les parties devant un tribunal d'arbitres, dont le jugement motivé et déposé au greffe sera rendu purement et simplement exécutoire par une ordonnance du président (Code du comm. 51 et 61).

« Les arbitres chercheront à concilier les parties. Si elles ne peuvent s'accorder sur la nomination des arbitres, le tribunal les nommera. Il en est de même d'un sus-arbitre, en cas de partage.

« L'appel de ce jugement est permis, à moins de stipulation contraire.

« Les experts déposeront au greffe le rapport de leur expertise. Le tribunal les nommera à défaut des parties. La récusation pourra être proposée dans les trois jours de la nomination.

« Si le tribunal ordonne la preuve par témoins, ceux-ci seront entendus à l'audience, comme dans les affaires sommaires (Code de proc. civ. 410).

« Mais dans les causes sujettes à appel, les dépositions seront rédigées par écrit par le greffier et signées par le témoin. Mention serait faite du refus.

« La rédaction des jugemens contiendra les noms des juges et des parties, leurs professions et demeures, leurs conclusions, l'exposition sommaire des points de fait et de droit, les motifs et le dispositif des jugemens (Code de proc. civ. 141). Les expéditions seront intitulées et terminées au nom du roi (Code de proc. civ. 146).

« Si le demandeur ne comparaît pas, le défendeur est renvoyé de la plainte; si le défendeur ne se présente pas, il est donné défaut, et les conclusions, si elles sont justes et raisonnables, sont adjugées.

« Un huissier, commis par le tribunal, devra seul signifier le jugement par défaut. Cette signification contiendra, à peine de nullité, élection de domicile, dans la commune où elle se fait, si le demandeur n'y est domicilié.

« Le jugement sera exécutoire un jour après la signification et jusqu'à l'opposition qui ne sera recevable que jusqu'à huitaine du jour de la signification (Code de proc. civ. 436).

« L'opposition sera signifiée au domicile élu, et contiendra les moyens de l'opposant et assignation dans le délai de la loi.

« On pourra encore faire opposition à l'instant de l'exécution sur le procès-verbal de l'huissier. L'exécution sera arrêtée, mais l'opposant devra, dans les trois jours, la renouveler par exploit contenant assignation. Passé ce délai, l'opposition sera censée non avenue.

« Les tribunaux de commerce pourront ordonner l'exécution provisoire de leurs jugemens, nonobstant l'appel, et sans caution, lorsqu'il y aura titre non attaqué ou condamnation précédente, dont il n'y aurait pas d'appel. Dans les autres cas, le tribunal exigera, pour l'exécution provisoire, caution ou justification de solvabilité suffisante.

« La caution sera signifiée au domicile réel ou élu de l'appelant ; il y aura sommation de prendre au greffe communication, sans déplacement des titres de la caution, s'il est ordonné qu'il en sera fourni, et à l'audience, pour voir prononcer sur l'admission, en cas de contestation.

« Si l'appelant ne comparaît point ou ne conteste point la caution, elle fera sa soumission au greffe ; s'il conteste, il y sera statué au jour indiqué par la sommation. Dans tous les cas, le jugement sera exécutoire, nonobstant appel ou opposition.

« Les tribunaux de commerce ne connaîtront point de l'exécution de leurs jugemens. L'on s'adresse au tribunal civil pour faire décider si une partie a satisfait à un jugement du tribunal de commerce. » (Florence, 28 janv. 1811).

FIN.